KB004944

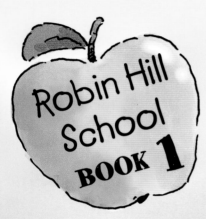

Robin Hill School BOOK 1

One Hundred Days (Plus One)

STORY BOOK

written by Margaret McNamara

illustrated by Mike Gordon

Long tail Books

Robin Hill School
School
BOOK 1

One
Hundred
Days (Plus One)

For information about permission, write to team@ltinc.net
ISBN 979-11-93992-00-5

Longtail Books

Robin Hill School
BOOK 1

One Hundred Days (Plus One)

written by Margaret McNamara
illustrated by Mike Gordon

Long tail Books

Hannah was excited.

Only one week to go
until the party
to celebrate
one hundred days in school.

"That is a long time
to be in school,"
said Hannah.

Mrs. Connor told the class,
"Next Friday,
please bring in
100 little things
to share."

Hannah decided
to bring in buttons.

On Monday, Hannah
found 20 white buttons.

On Tuesday she found
57 mixed buttons.

On Wednesday
she found
4 cat buttons,
6 diamond buttons,

and 13 buttons
with no holes.

On Thursday, Hannah counted her buttons from 1 to 100.

Then she sneezed.

On Friday,
Hannah had a cold.
"No school for you today,"
said her mother.
"On Monday you will
feel better."

On Monday I will feel
worse, thought Hannah.

The party is today.
And I am not there.

On Monday, Hannah's cold
was gone.

She wore her favorite
sweater to school.
It had one big orange button.

Hannah remembered
the 100 buttons.

She put them
in her backpack,
even though she had
missed the party.

When the school bell rang,
Mrs. Connor said,
"Today is a special day.
What is one hundred
plus one?"

Hannah knew the answer.
"One hundred and one!"
she said.

"Right!" said Mrs. Connor.

"Today we have been in school
for one hundred and one days."
Hannah's friends were smiling.

They showed
101 grains of rice,

101 hair ribbons,

and 101 postcards.

"I only brought in
100 buttons,"
said Hannah.

"I did not think
to bring in one more,"
she said.

She remembered the button
on her sweater.
"Here is my plus one!"
she said.

"I thought one hundred days
was a long time
to go to school,"
said Hannah.

"And now I have gone
for one hundred plus one!"

Welcome to the world of Robin Hill School, full of surprise and fun!

Hannah's teacher plans a party to celebrate the one-hundredth day of school. But on the day of the big party, Hannah is too sick to go. She misses out on the fun! But when she returns the next school day, Hannah finds that adding *one* can make things *extra* special.

One Hundred Days (Plus One)

Robin Hill School BOOK 1

영어 원서 & 워크북

지은이 마거릿 맥나마라 · 성기홍
그림 마이크 고든

롱테일북스

이 책은 이렇게 만들었어요!

이 책은 **영어 원서(별책)**,
그리고 영어 원서에 기반한 단어·쓰기 활동들을 담은
워크북(본책)으로 구성되어 있습니다.
먼저 원서를 통해 미국 초등학교를 배경으로 펼쳐지는
톡톡 튀는 이야기를 재미있게 읽고,
워크북을 통해 단계별로 차근차근 공부해 보세요!

 원서의 구성

별책으로 분리해서 가볍게 읽을 수 있는 영어 원서!
가독성을 위해 수입 원서의 판형을 시원하게 키우면서,
알록달록하고 개성 있는 일러스트는 그대로 유지했습니다.

워크북의 구성 원서의 한국어 번역과 함께, 혼자서도 차근차근 공부할 수 있도록
다양한 단어·쓰기 활동들을 단계별로 담았습니다.

한국어 번역 `p.5~32`

워크북에 담긴 한국어 번역의 페이지 번호는 영어 원서와
동일하게 유지했고, 최대한 직역에 가깝게 번역했습니다.
원서를 읽다가 이해가 가지 않는 부분이 있으면,
워크북의 같은 페이지를 펼쳐서 번역을 확인해 보세요!

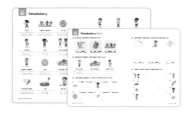

Vocabulary & Vocabulary Quiz `p.34~37`

원서에서 선별한 핵심 단어들을 아기자기한 일러스트와 함께
확인하고, 직접 따라 쓰면서 공부해 보세요. 이어서 다양한
단어 퀴즈들을 통해 앞에서 공부한 단어들을 복습할 수 있습니다.

Let's Practice! `p.38~53`

원서에서 선별한 핵심 문장들을 통해 총 8가지 문장 패턴을
학습할 수 있습니다. 추가로 제공되는 단어·표현들을 가지고
패턴 문장들을 응용해서 써 보고, 받아쓰기로 마무리해 보세요!

Let's Fill In! `p.54~61`

앞에서 공부한 패턴 문장들로 이루어진 다양한 글들의 빈칸을
채워 보세요. 지문의 종류는 일기, 편지, 문자 등으로
이루어져 있어서 손쉬운 실생활 적용이 가능합니다.

Let's Write! `p.62~65`

패턴 문장들로 이루어진 글들을 그대로 따라 쓰면서
긴 호흡의 글쓰기를 연습해 보세요. 지문의 내용은 영어 원서와
자연스럽게 연결되어 있어서 흥미를 잃지 않을 수 있습니다.

My Diary `p.66`

마지막 총 정리의 시간! 앞에서 공부한 패턴 문장들,
그리고 다채롭게 주어진 힌트들을 가지고 나만의 일기를 완성해 보세요.

Fun Fact `p.67`

주어진 활동들을 모두 마쳤다면, 원서의 내용과 관련된
미국 초등학교 생활에 관한 흥미로운 정보를 읽어 보세요.
원서의 줄거리를 떠올리면서 미국 현지 문화를 자연스럽게 엿볼 수 있습니다.

Answers `p.68~70`

워크북의 맨 끝에는 앞에서 공부한 활동들의 정답을 담았습니다.
영어 실력을 얼마나 쌓았는지 확인해 보세요!

추천 진도표 ✏️

QR 코드를 인식해서 효린파파 선생님이 직접 작성한 진도표를 다운받아 보세요!

「로빈 힐 스쿨」을 효과적으로 활용해서 공부할 수 있도록, 원서와 워크북의 학습 요소들을
10일 분량으로 나눈 추천 진도표를 PDF 파일로 제공합니다.

해나는 신이 났습니다.

일주일만 있으면
학교에 다닌 지
백 일을 기념하는
파티가 있었어요.

"백 일은 학교에 다니기에
긴 시간이야."
해나가 말했어요.

코너 선생님은 반 아이들에게 말했습니다.

"다음 주 금요일에,

나눠 가질 수 있는

백 개의 작은 물건들을

가지고 오렴."

해나는 단추들을 가져가기로
결심했습니다.

월요일에, 해나는

스무 개의 흰색 단추들을 찾았습니다.

화요일에 해나는 쉰일곱 개의

여러 종류가 섞인 단추들을 찾았어요.

수요일에

해나는

네 개의 고양이 모양 단추들,

여섯 개의 다이아몬드 모양 단추들,

그리고 열세 개의 구멍이 없는

단추들을 찾았습니다.

목요일에, 해나는
자신의 단추들을 한 개부터
백 개까지 세어 보았어요.

CHOOoo

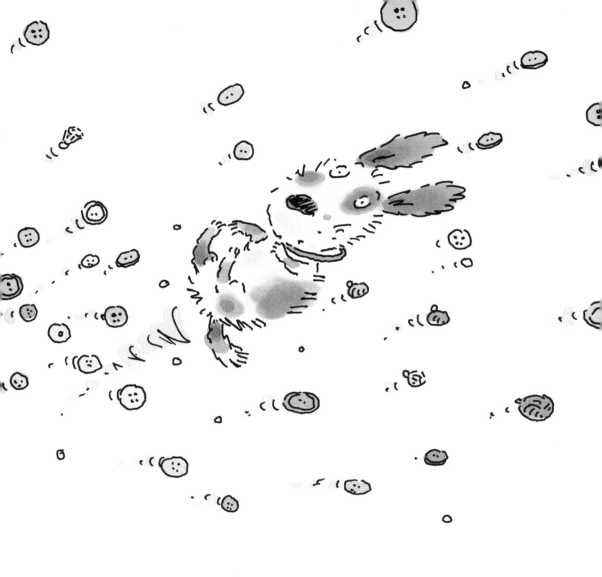

그때 해나는 재채기를 했습니다.

금요일에,

해나는 감기에 걸렸어요.

"오늘 너는 학교에 못 가겠구나."

해나의 엄마가 말했습니다.

"월요일이 되면 너는

괜찮아질 거야."

월요일이 되면 나는 몸이 더 안 좋을 거야.
해나는 생각했습니다.

파티가 오늘이야.

그리고 나는 학교에 있지 않은 걸.

월요일에, 해나의 감기가

나았습니다.

해나는 자신이 가장 좋아하는

스웨터를 입고 학교에 갔습니다.

스웨터에는 커다란 주황색 단추가 하나 달려 있었습니다.

해나는 백 개의 단추들이

떠올랐습니다.

해나는 그 단추들을
자신의 가방에 넣어 두었어요.
비록 파티에는
못 갔지만요.

학교 종이 울렸을 때,

코너 선생님이 말했습니다.

"오늘은 특별한 날이야.

백 더하기

일은 뭘까?"

해나는 답을 알고 있었습니다.

"백하나요!"

해나가 말했습니다.

"맞아!" 코너 선생님이 말했습니다.

"오늘 우리가 학교에 다닌 지
백한 번째 날이 되었단다."
해나의 친구들은 미소를 짓고 있었습니다.

친구들은

백한 톨의 쌀알들,

백한 개의 머리 리본들,

그리고 백한 장의 엽서들을 보여 주었습니다.

"저는 단추들을 딱 백 개만
가지고 왔어요."
해나가 말했습니다.

"한 개를 더 가지고 올
생각을 못 했어요."
해나가 말했어요.

해나는 자신의 스웨터에 달린

단추가 생각났어요.

"여기 저에게도 한 개가 더 있어요!"

해나가 말했습니다.

"저는 백 일이

학교에 다니기에

긴 시간이라고 생각했어요."

해나가 말했습니다.

"그런데 이제 저는 백 일 그리고
하루 더 다니고 있어요!"

Activities

Hannah의 이야기는
재미있게 읽었나요?

★ ★ ★

이제 Hannah의 이야기에 기반해서
여섯 파트로 이루어진
다양한 활동들을 준비했어요.
단어장부터 문장·문단 쓰기까지,
차근차근 따라서 공부하다 보면
어느새 나만의 글을 쓸 수 있을 거예요.

QR 코드를 인식해서,
앞에서 읽은 이야기를 떠올리면서
원서 오디오북을 다시 한번 들어 보세요!

PART 01 Vocabulary

신이 난

excited

기념하다, 축하하다

celebrate

백, 100

hundred

가져오다

bring

작은

little

나누다, 공유하다

share

결심하다, 결정하다

decide

단추

button

여러 종류가 섞인

mixed

다이아몬드 모양의

diamond

구멍

hole

수를 세다

count

재채기하다

sneeze

감기

cold

입다
(과거형 wore)

wear

가장 좋아하는

favorite

스웨터

sweater

가방, 배낭

backpack

못 가다, 놓치다

miss

울리다
(과거형 rang)

ring

더하기

plus

(곡식의) 낟알, 알갱이

grain

쌀

rice

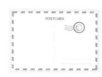

엽서

postcard

Vocabulary Quiz

A 빈칸을 채워 그림에 알맞은 단어를 완성해 보세요.

f _a_ _v_ orit _e_   b__ck__ack   c__lebr__te

B 알파벳을 바르게 배열하여 그림에 알맞은 단어를 써 보세요.

o c l d   m i d e x   g b r n i

cold

C 그림에 알맞은 단어를 골라 ✔ 표시하고, 칸에 맞춰 다시 한번 써 보세요.

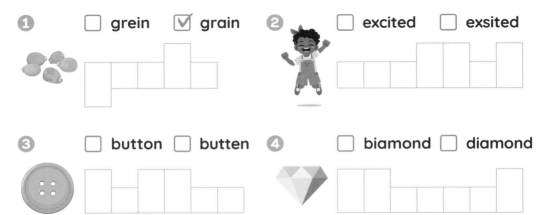

① ☐ grein ☑ grain   ② ☐ excited ☐ exsited

③ ☐ button ☐ butten   ④ ☐ biamond ☐ diamond

D 그림에 알맞은 단어를 연결하고, 빈칸을 채워 단어를 완성해 보세요.

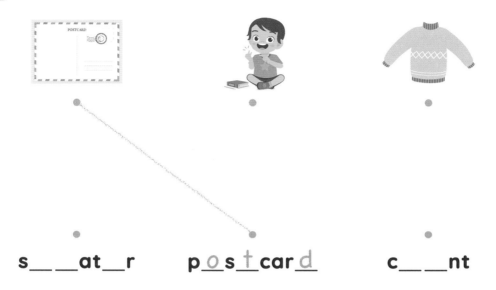

s___at__r   p<u>o</u>s<u>t</u>car<u>d</u>   c___nt

E 그림을 보고 알맞은 단어를 넣어 퍼즐을 완성해 보세요.

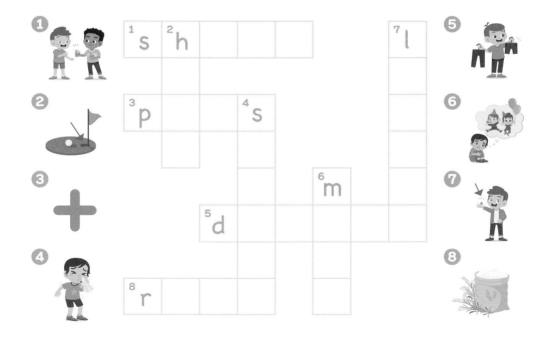

Let's Practice!

A 다음 문장을 소리 내어 읽고, 차근차근 따라 써 보세요.

Hannah was excited.

- -

해나는 신이 났어요.

STEP 1 Hannah

해나는

STEP 2 Hannah was

해나는 ~이었어요.

STEP 3 Hannah was excited.

해나는 신이 났어요.

다시 한번 써 보세요!

B QR 코드를 인식해서, 주어진 단어를 듣고 한 번씩 따라 써 보세요. 🎧

1 tired 피곤한

tired

2 happy 행복한

happy

3 nervous 초조한, 긴장한

nervous

4 confident 자신감 있는

confident

C 주어진 단어를 사용해서 문장을 따라 쓰고 완성해 보세요.

1 나는 피곤했어요.

tired

I was tired.

2 그는 초조했어요.

nervous

He was

3 나는 행복했어요.

happy

I

4 그녀는 자신감이 있었어요.

confident

She

D QR 코드를 인식해서, 문장을 듣고 받아 써 보세요.

1

2

Let's Practice!

A 다음 문장을 소리 내어 읽고, 차근차근 따라 써 보세요.

On Friday, Hannah had a cold.

금요일에, 해나는 감기에 걸렸어요.

STEP 1 On Friday,

금요일에,

STEP 2 On Friday, Hannah had

금요일에, 해나는 ~에 걸렸어요.

STEP 3 On Friday, Hannah had a cold.

금요일에, 해나는 감기에 걸렸어요.

다시 한번
써 보세요!

B QR 코드를 인식해서, 주어진 표현을 듣고 한 번씩 따라 써 보세요. 🎧

1 fever 열

fever

2 runny nose 콧물

runny nose

3 stomachache 배 아픔, 복통

stomachache

4 headache 머리 아픔, 두통

headache

C 주어진 표현을 사용해서 문장을 따라 쓰고 완성해 보세요.

1 금요일에, 나는 콧물이 났어요.　　　　　　　　　　　a runny nose

On Friday, I had a runny nose.

2 월요일에, 그녀는 배가 아팠어요.　　　　　　　　　a stomachache

On Monday, she had

3 수요일에, 나는 열이 났어요.　　　　　　　　　　　a fever

On Wednesday, I

4 일요일에, 그는 머리가 아팠어요.　　　　　　　　　a headache

On Sunday, he

D QR 코드를 인식해서, 문장을 듣고 받아 써 보세요. 🎧

1 _____

2 _____

Let's Practice!

A 다음 문장을 소리 내어 읽고, 차근차근 따라 써 보세요.

On Monday you will **feel better.**

월요일이 되면 너는 괜찮아질 거야.

STEP 1 On Monday

월요일이 되면

STEP 2 On Monday you will

월요일이 되면 너는 ~할 거야.

STEP 3 On Monday you will feel better.

월요일이 되면 너는 괜찮아질 거야.

다시 한번 써 보세요!

B QR 코드를 인식해서, 주어진 표현을 듣고 한 번씩 따라 써 보세요.

① watch a movie   영화를 보다

watch a movie

② go on a trip   여행을 가다

go on a trip

③ write a letter   편지를 쓰다

write a letter

④ see a doctor   의사 선생님을 만나러 가다

see a doctor

C 주어진 표현을 사용해서 문장을 따라 쓰고 완성해 보세요.

1 월요일이 되면 나는 편지를 쓸 거예요. write a letter

On Monday I will write a letter.

2 화요일이 되면 그들은 여행을 갈 거예요. go on a trip

On Tuesday they will

3 목요일이 되면 나는 의사 선생님을 만나러 갈 거예요. see a doctor

On Thursday I

4 토요일이 되면 우리는 영화를 볼 거예요. watch a movie

On Saturday we

D QR 코드를 인식해서, 문장을 듣고 받아 써 보세요.

1

2

Let's Practice!

A 다음 문장을 소리 내어 읽고, 차근차근 따라 써 보세요.

The party was today.

- -

파티가 오늘이었어요.

STEP 1 The party

파티가

STEP 2 The party was

파티가 ~이었어요.

STEP 3 The party was today.

파티가 오늘이었어요.

다시 한번
써 보세요!

B QR 코드를 인식해서, 주어진 표현을 듣고 한 번씩 따라 써 보세요. 🎧

1 picnic 소풍

picnic

2 speech contest 발표 대회

speech contest

3 class play 학급 연극

class play

4 school concert 학교 음악회

school concert

C 주어진 표현을 사용해서 문장을 따라 쓰고 완성해 보세요.

1 학교 음악회가 오늘이었어요.　　　　　　　the school concert

The school concert was today.

2 소풍이 오늘이었어요.　　　　　　　the picnic

was today.

3 학급 연극이 오늘이었어요.　　　　　　　the class play

today.

4 발표 대회가 오늘이었어요.　　　　　　　the speech contest

today.

D QR 코드를 인식해서, 문장을 듣고 받아 써 보세요.

1

2

Let's Practice!

A 다음 문장을 소리 내어 읽고, 차근차근 따라 써 보세요.

She wore her favorite **sweater** to school.

그녀는 자신이 가장 좋아하는 스웨터를 입고 학교에 갔어요.

STEP 1 She wore

그녀는 ~을 입었어요.

STEP 2 She wore her favorite sweater

그녀는 자신이 가장 좋아하는 스웨터를 입었어요.

STEP 3 She wore her favorite sweater
to school.

그녀는 자신이 가장 좋아하는 스웨터를 입고 학교에 갔어요.

B QR 코드를 인식해서, 주어진 단어를 듣고 한 번씩 따라 써 보세요. 🎧

1 shirt 셔츠
shirt

2 jacket 재킷
jacket

3 pants 바지
pants

4 shoes 신발
shoes

C 주어진 표현을 사용해서 문장을 따라 쓰고 완성해 보세요.

1 나는 내가 가장 좋아하는 재킷을 입고 학교에 갔어요.   my favorite jacket

I wore my favorite jacket
to school.

2 그녀는 자신이 가장 좋아하는 바지를 입고 학교에 갔어요.   her favorite pants

She wore

3 그는 자신이 가장 좋아하는 셔츠를 입고 학교에 갔어요.   his favorite shirt

He

D QR 코드를 인식해서, 문장을 듣고 받아 써 보세요. 🎧

Let's Practice!

A 다음 문장을 소리 내어 읽고, 차근차근 따라 써 보세요.

> **Hannah put the buttons in her backpack.**
>
> 해나는 단추들을 자신의 가방에 넣어 두었어요.

STEP 1 Hannah put

해나는 ~을 넣어 두었어요.

STEP 2 Hannah put the buttons

해나는 단추들을 넣어 두었어요.

STEP 3 Hannah put the buttons

in her backpack.

해나는 단추들을 자신의 가방에 넣어 두었어요.

B QR 코드를 인식해서, 주어진 단어를 듣고 한 번씩 따라 써 보세요. 🎧

❶ notebook 공책

notebook

❷ pencil 연필

pencil

❸ scissors 가위

scissors

❹ pen 펜

pen

C 주어진 표현을 사용해서 문장을 따라 쓰고 완성해 보세요.

1 나는 공책을 내 가방에 넣어 두었어요.　　　　the notebook

I put the notebook

in my backpack.

2 나는 펜을 내 가방에 넣어 두었어요.　　　　the pen

I put

3 나는 연필을 내 가방에 넣어 두었어요.　　　　the pencil

I

D QR 코드를 인식해서, 문장을 듣고 받아 써 보세요.

Let's Practice!

A 다음 문장을 소리 내어 읽고, 차근차근 따라 써 보세요.

Hannah's friends were smiling.

해나의 친구들은 미소를 짓고 있었어요.

STEP 1 Hannah's friends

해나의 친구들은

STEP 2 Hannah's friends were

해나의 친구들은 ~이었어요.

STEP 3 Hannah's friends were smiling.

해나의 친구들은 미소를 짓고 있었어요.

다시 한번
써 보세요!

B QR 코드를 인식해서, 주어진 단어를 듣고 한 번씩 따라 써 보세요. 🎧

1 parents 부모님

parents

2 teachers 선생님들

teachers

3 neighbors 이웃들

neighbors

4 classmates 반 친구들

classmates

C 주어진 단어를 사용해서 문장을 따라 쓰고 완성해 보세요.

1 해나의 선생님들은 미소를 짓고 있었어요.　　　teachers

Hannah's teachers were smiling.

2 닉의 반 친구들은 미소를 짓고 있었어요.　　　classmates

Nick's classmates

3 케이티의 부모님은 미소를 짓고 있었어요.　　　parents

Katie's

4 엠마의 이웃들은 미소를 짓고 있었어요.　　　neighbors

Emma's

D QR 코드를 인식해서, 문장을 듣고 받아 써 보세요. 🎧

1

2

A 다음 문장을 소리 내어 읽고, 차근차근 따라 써 보세요.

Here is a button.
- -
여기 단추 하나가 있어요.

STEP 1 Here

여기

STEP 2 Here is

여기 ~이 있어요.

STEP 3 Here is a button.

여기 단추 하나가 있어요.

다시 한번 써 보세요!

B QR 코드를 인식해서, 주어진 표현을 듣고 한 번씩 따라 써 보세요. 🎧

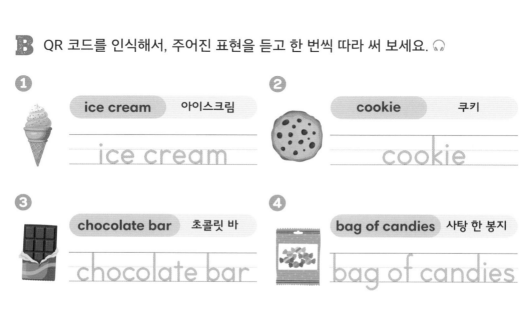

1 ice cream 아이스크림
ice cream

2 cookie 쿠키
cookie

3 chocolate bar 초콜릿 바
chocolate bar

4 bag of candies 사탕 한 봉지
bag of candies

C 주어진 표현을 사용해서 문장을 따라 쓰고 완성해 보세요.

1 여기 쿠키 하나가 있어요. a cookie

Here is a cookie.

2 여기 아이스크림 하나가 있어요. an ice cream

Here is

3 여기 초콜릿 바 하나가 있어요. a chocolate bar

Here

4 여기 사탕 한 봉지가 있어요. a bag of candies

Here

D QR 코드를 인식해서, 문장을 듣고 받아 써 보세요. 🎧

1

2

PART 04 Let's Fill In!

A 에 주어진 표현을 사용해서 Hannah의 하루를 완성해 보세요.

보기

Monday
feel better
the party
a cold
happy
see a doctor

_____The party_____ was today.

파티가 오늘이었어요.

Hannah was _____.

해나는 행복했습니다.

But this morning, Hannah sneezed.

그런데 오늘 아침에, 해나는 재채기를 했어요.

She had _____.

해나는 감기에 걸렸어요.

Hannah will _____ today.

해나는 오늘 의사 선생님을 만나러 갈 거예요.

**"On _____ you will _____,"
said her mother.**

"월요일이 되면 너는 괜찮아질 거야." 해나의 엄마가 말했습니다.

B 왼쪽에 있는 Hannah의 하루를 보고, '나'의 일기로 바꿔 써 보세요.

Title: A Sad Day   ☺ August 31st, Thursday

The party [was] [   ] .

I [   ] happy.

But this morning, I [   ] .

[   ] [   ] a cold.

I will see a doctor [   ] .

"On Monday [   ] [   ] feel better,"

said Mom.

우 리 말 힌 트

파티가 오늘이었다. 나는 행복했다. 그런데 오늘 아침에, 나는 재채기를 했다. 나는 감기에
걸렸다. 나는 오늘 의사 선생님을 만나러 갈 것이다. "월요일이 되면 너는 괜찮아질 거야."
엄마가 말했다.

PART 04 Let's Fill In!

A 보기 에 주어진 표현을 사용해서 Hannah의 하루를 완성해 보세요.

보기

tired

the picnic

a bag of candies

excited

parents

her backpack

_____ was today and Hannah was

_____.

소풍이 오늘이었고 해나는 신이 났습니다.

Her mom said, "Here is _____

to share."

해나의 엄마가 말했어요. "여기 나눠 먹을 사탕 한 봉지가 있어."

Hannah put it in _____.

해나는 그것을 자신의 가방에 넣어 두었어요.

After the picnic, she was _____.

소풍 후에, 해나는 피곤했어요.

Her _____ were smiling when she went

to bed.

해나의 부모님은 해나가 자러 갈 때 미소를 짓고 있었어요.

B 왼쪽에 있는 Hannah의 하루를 보고, 보기 에 주어진 표현을 사용해서 Hannah의
엄마가 쓴 편지를 완성해 보세요.

보기   here is | I am | in your backpack | is today | put

Dear Hannah,

The picnic [is today] !

소풍이 오늘이구나!

[   ] excited, too.

나도 덩달아 신이 나네.

[   ] a bag of candies to share

with your friends.

여기 네 친구들과 나눠 먹을 사탕 한 봉지가 있어.

Make sure to [   ] it

[   ] .

그것을 꼭 네 가방에 넣어 두렴.

Have fun and call me when the picnic is over.

즐겁게 놀고 소풍이 끝나면 나에게 전화하렴.

Love you, Mom

Let's Fill In!

A 에 주어진 표현을 사용해서 Hannah의 하루를 완성해 보세요.

보기

excited
a cookie
the class play
shirt
friends

_____ was today.

학급 연극이 오늘이었어요.

Hannah put _____ in her backpack.

해나는 쿠키 하나를 자신의 가방에 넣어 두었어요.

And she wore her favorite _____ to school.

그리고 해나는 자신이 가장 좋아하는 셔츠를 입고 학교에 갔습니다.

It had cat buttons, diamond buttons, and buttons with no holes.

셔츠에는 고양이 모양 단추들, 다이아몬드 모양 단추들, 그리고 구멍이 없는 단추들이 달려 있었어요.

Hannah was _____.

해나는 신이 났어요.

Her _____ were excited, too.

해나의 친구들도 신이 났어요.

왼쪽에 있는 Hannah의 하루를 보고, '나'의 일기로 바꿔 써 보세요.

잘 생각이 나지 않으면 아래의 우리말 힌트를 참고해도 좋아요.

Title: The Class Play 😊 February 9th, Wednesday

The class play [   ] [   ].

I [   ] a cookie in my backpack.

And [ ] [   ] my favorite shirt

[   ] [   ].

It had cat buttons, diamond buttons, and

buttons with no holes.

[   ] excited.

My friends were excited, [   ].

우 리 말 힌 트

학급 연극이 오늘이었다. 나는 쿠키 하나를 내 가방에 넣어 두었다. 그리고 나는 내가 가장
좋아하는 셔츠를 입고 학교에 갔다. 셔츠에는 고양이 모양 단추들, 다이아몬드 모양 단추들,
그리고 구멍이 없는 단추들이 달려 있었다. 나는 신이 났다. 내 친구들도 신이 났다.

Let's Fill In!

A 에 주어진 표현을 사용해서 Hannah의 하루를 완성해 보세요.

보기

nervous
the speech contest
happy
shoes
teachers
tired

The speech contest was today.

발표 대회가 오늘이었어요.

Hannah wore her favorite _____ to school.

해나는 자신이 가장 좋아하는 신발을 신고 학교에 갔습니다.

She was _____.

해나는 긴장했어요.

She did well in _____.

해나는 발표 대회에서 잘 해냈습니다.

Her _____ were smiling.

해나의 선생님들이 미소를 짓고 있었어요.

Hannah was _____ but _____.

해나는 피곤하지만 행복했습니다.

B 왼쪽에 있는 Hannah의 하루를 보고, 보기에 주어진 표현을 사용해서 Hannah와 Connor 선생님의 문자 대화를 완성해 보세요.

보기 were smiling | was today | I am | here is | confident | I will

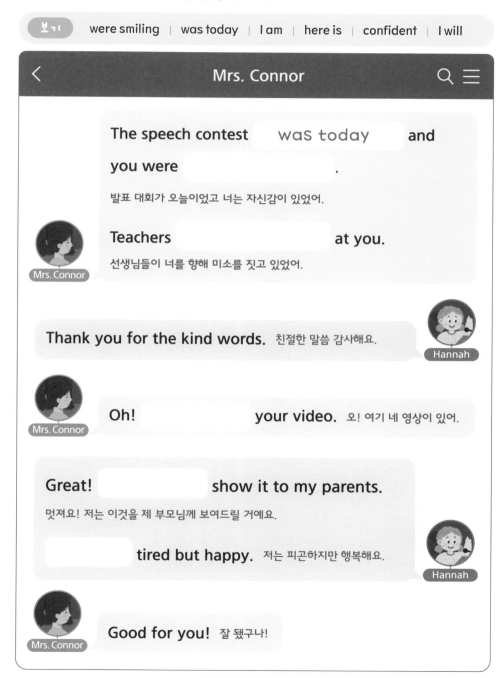

< **Mrs. Connor** 🔍 ☰

The speech contest   was today   and you were _____ .

발표 대회가 오늘이었고 너는 자신감이 있었어.

Teachers _____ at you.
선생님들이 너를 향해 미소를 짓고 있었어.

Thank you for the kind words. 친절한 말씀 감사해요.

Oh! _____ your video. 오! 여기 네 영상이 있어.

Great! _____ show it to my parents.
멋져요! 저는 이것을 제 부모님께 보여드릴 거예요.

_____ tired but happy. 저는 피곤하지만 행복해요.

Good for you! 잘 됐구나!

PART 05

Let's Write!

A 앞에서 공부한 내용을 떠올리면서, Hannah의 친구 Nick의 하루를 따라 써 보세요.

1 발표 대회가 오늘이었어요.

The speech contest was today.

2 닉은 자신감이 있었어요.

Nick was confident.

3 닉은 공책을 자신의 가방에 넣어 두었어요.

He put the notebook in his backpack.

4 닉은 자신이 가장 좋아하는 재킷을 입고 학교에 갔어요.

He wore his favorite jacket to school.

5 재킷에는 커다란 갈색 단추들이 달려 있었어요.

It had big brown buttons.

6 닉의 친구들은 신이 났어요.

Nick's friends were excited.

7 "여기 쿠키 하나가 있어." 닉의 친구들이 말했어요.

"Here is a cookie," said Nick's friends.

8 "행운을 빌어, 닉!"

"Good luck, Nick!"

B 앞에서 공부한 내용을 떠올리면서, Hannah의 친구 Mia의 하루를 따라 써 보세요.

1 학교 음악회가 오늘이었어요.

The school concert was today.

2 미아는 피아노를 연주했어요.

Mia played the piano.

3 미아의 부모님은 미소를 짓고 있었어요.

Her parents were smiling.

4 그들은 행복했어요.

They were happy.

5 하지만 미아는 피곤했어요.

But Mia was tired.

6 그리고 미아는 머리가 아팠어요.

And she had a headache.

7 미아는 내일 의사 선생님을 만나러 갈 거예요.

She will see a doctor tomorrow.

8 미아는 괜찮아질 거예요.

She will feel better.

나의 일기에 사용할 표현을 네 개 골라 ◯ 표시하고, 고른 표현들을 사용해서
그림 일기를 완성해 보세요.

Expression Box

❶
the sports day
운동회
the art show
미술 전시
the math contest
수학 대회

❷
glad
기쁜
sad
슬픈
cheerful
활기찬

❸
hat
모자
jeans
청바지
sneakers
운동화

❹
friends
친구들
teammates
팀원들
grandparents
조부모님

Date: **Weather:** ☀ ☁ ☂ ❄

엉뚱하고 재미있는 글이 되어도 좋아요.

¹   was today.

I was ²   .

I wore my favorite ³   to school.

My ⁴   were smiling.

학교에 다닌 지 백 일이 되는 날!

미국에서는, 학생들이 학교에 다닌 지 백 일이 되는 날을 축하하기도 해요. 그 특별한 날에 학생들은 숫자 100을 가지고 재미있는 활동들을 합니다.

학생들은 100까지 세고, 노래를 부르고, 숫자 100과 관련된 미술 작품들을 만들어요. 종이 집게나 단추 같은 물건들 100개를 학교에 가져와서 친구들과 나누기도 하고요. 가끔, 학생들은 100살 노인처럼 분장을 하기도 한답니다! 선생님들은 숫자 100과 관련된 신나는 게임들을 계획해요. 모두가 함께 학교에 다닌 지 백 일이 되는 날을 즐겨요!

Answers

36p

A favorite / backpack / celebrate

B cold / mixed / bring

C 1 ☐ grein   ☑ grain
2 ☑ excited   ☐ exsited
3 ☑ button   ☐ butten
4 ☐ biamond   ☑ diamond

37p

D

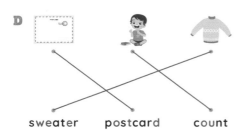

sweater   postcard   count

E

¹s	²h	a	r	e			⁷l
	o						i
³p	l	u	⁴s				t
	e		n				t
			e		⁶m	l
		⁵d	e	c	i	d	e
		z		s	
⁸r	i	c	e		s

39p

C 2 He was nervous.
3 I was happy.
4 She was confident.

D 1 He was happy.
2 She was tired.

41p

C 2 On Monday, she had a stomachache.
3 On Wednesday, I had a fever.
4 On Sunday, he had a headache.

D 1 On Friday, I had a runny nose.
2 On Monday, he had a fever.

43p

C 2 On Tuesday they will go on a trip.
3 On Thursday I will see a doctor.
4 On Saturday we will watch a movie.

D 1 On Tuesday I will go on a trip.
2 On Monday we will write a letter.

45p

C 2 The picnic was today.
3 The class play was today.
4 The speech contest was today.

D 1 The picnic was today.
2 The class play was today.

47p

C 2 She wore her favorite pants to school.
3 He wore his favorite shirt to school.

D She wore her favorite shoes to school.

C 2 I put the pen in my backpack.

3 I put the pencil in my backpack.

D I put the scissors in my backpack.

C 2 Nick's classmates were smiling.

3 Katie's parents were smiling.

4 Emma's neighbors were smiling.

D 1 Hannah's parents were smiling.

2 Katie's teachers were smiling.

C 2 Here is an ice cream.

3 Here is a chocolate bar.

4 Here is a bag of candies.

D 1 Here is a cookie.

2 Here is a bag of candies.

PART 04 Let's Fill In!

A The Party was today.

Hannah was happy.

But this morning, Hannah sneezed.

She had a cold.

Hannah will see a doctor today.

"On Monday you will feel better," said her mother.

B The party was today.

I was happy.

But this morning, I sneezed.

I had a cold.

I will see a doctor today.

"On Monday you will feel better," said Mom.

A The Picnic was today and Hannah was excited.

Her mom said, "Here is a bag of candies to share."

Hannah put it in her backpack.

After the picnic, she was tired.

Her parents were smiling when she went to bed.

Answers

57p

B Dear Hannah,

The picnic is today !

I am excited, too.

Here is a bag of candies to share with your friends.

Make sure to put it in your backpack .

Have fun and call me when the picnic is over.

Love you, Mom

58p

A The class play was today.

Hannah put a cookie in her backpack.

And she wore her favorite shirt to school.

It had cat buttons, diamond buttons, and buttons with no holes.

Hannah was excited.

Her friends were excited, too.

59p

B The class play was today .

I put a cookie in my backpack.

And I wore my favorite shirt to school .

It had cat buttons, diamond buttons, and buttons with no holes.

I was excited.

My friends were excited, too .

60p

A The speech contest was today.

Hannah wore her favorite shoes to school.

She was nervous.

She did well in the speech contest.

Her teachers were smiling.

Hannah was tired but happy.

61p

B Mrs. Connor

The speech contest was today and you were confident .

Teachers were smiling at you.

Hannah

Thank you for the kind words.

Mrs. Connor

Oh! Here is your video.

Hannah

Great! I will show it to my parents.

I am tired but happy.

Mrs. Connor

Good for you!

PART 06 My Diary

66p

Example

The sports day was today.

I was cheerful.

I wore my favorite sneakers to school.

My teammates were smiling.

MEMO

백 번째 날
(그리고 또 하루)

초판 발행	2024년 5월 20일
지은이	마거릿 맥나마라, 성기홍, 롱테일 교육 연구소
그림	마이크 고든
책임편집	명채린
편집	김지혜
디자인	오현정, 박새롬
마케팅	두잉글 사업 본부
펴낸이	이수영
펴낸곳	롱테일북스
출판등록	제2015-000191호
주소	04033 서울특별시 마포구 양화로 113, 3층(서교동, 순흥빌딩)
전자메일	team@ltinc.net

이 도서는 대한민국에서 제작되었습니다.

ISBN 979-11-93992-00-5 13740